かぎ針も棒針もきちんと編める

手編みの基礎

吉田裕美子

日本文芸社

目次

編み物の基礎知識

▶ 編み針
かぎ針編み ・・・・・・・・・・・・・・・・・・・・・・ 6
棒針編み ・・・・・・・・・・・・・・・・・・・・・・・・ 7

▶ あると便利な道具
かぎ針・棒針共通／棒針のみ／
とじ針に糸を通す ・・・・・・・・・・・・・・・・ 8

▶ 糸について
素材／太さ ・・・・・・・・・・・・・・・・・・・・・・ 9
ラベルの見方／糸のとり出し方 ・・・・・・ 10
ゲージ／初心者が編みやすい糸 ・・・・・・ 11

かぎ針編み

▶ かぎ針編みの基礎
各部の名称／
編む方向と編み図の見方 ・・・・・・・・・・・ 12
編み目の高さ、立ち上がり／
端の拾い目 ・・・・・・・・・・・・・・・・・・・・・ 13
かぎ針の持ち方／糸のかけ方 ・・・・・・・ 14

▶ 目の作り方
鎖の作り目 ・・・・・・・・・・・・・・・・・・・・・ 15
鎖目の表と裏／鎖目の拾い方の違い ・・ 16
作り目の工夫／
余った作り目のほどき方 ・・・・・・・・・・・ 17
輪の作り目（細編み）・・・・・・・・・・・・・・ 18
輪の作り目（長編み）／
鎖の輪の作り目 ・・・・・・・・・・・・・・・・・ 20

▶ 記号の編み方

基本の編み方
鎖編み／細編み ・・・・・・・・・・・・・・・・・ 22
引き抜き編み／中長編み ・・・・・・・・・・・ 23
長編み ・・・・・・・・・・・・・・・・・・・・・・・・ 24
長々編み／長々編みを応用 ・・・・・・・・・ 25
変わり中長編み3目の玉編み／
長編み3目の玉編み ・・・・・・・・・・・・・・ 26
長編み5目のパプコーン編み／
玉編みとパプコーン編みの違い ・・・・・・ 27
長編みの表引き上げ編み／
長編みの裏引き上げ編み ・・・・・・・・・・・ 28
長編み1目交差／応用いろいろ ・・・・・・ 29

すじ編み・うね編み／
すじ編みとうね編みの違い・・・・・・・・・30

バック細編み ・・・・・・・・・・・・・・・31

鎖3目のピコット／
鎖3目の引き抜きピコット ・・・・・・・・・32

目の増やし方と減らし方

細編み2目編み入れる／
長編み2目編み入れる ・・・・・・・・・・・33

細編み3目編み入れる／
長編み3目編み入れる／
長編み2目編み入れる（束に拾う）／
増し目記号のルール・・・・・・・・・・・・34

細編み2目一度／長編み2目一度 ・・・・・・35

糸の替え方

編みながら糸を足す
（途中で糸が足りなくなったとき、途中で色を替えるとき）／
糸をつける
（続けて編むことができないときなど）・・・・・・・36

糸端を編みくるむ
（編み込み模様などで色を替える）・・・・・・・37

目の止め方

編み終わりの目の止め方／
鎖がつながって見える目の止め方 ・・・・38

かぎ針編みのQ&A ・・・・・・・・・・・39

棒針編み

棒針編みの基礎

各部の名称／
棒針編みのポイントと針の持ち方 ・・・・40

編み方／記号図の見方 ・・・・・・・・・41

製図の見方 ・・・・・・・・・・・・・・42

棒針編みの編み地 ・・・・・・・・・・・43

目の作り方

指で糸をかける作り目 ・・・・・・・・・44

別糸の鎖から編む作り目／
別糸からほどいて編み出す
（反対側に向かって編むときの作り目）・・・・・・・46

共鎖の作り目 ・・・・・・・・・・・・・48

かぎ針で糸をかける作り目 ・・・・・・・49

4本針を使って輪に編む場合の作り目／
輪針を使って輪に編む場合の作り目・・・50

目次

棒針編みのQ&A ・・・・・・・・・・・・・ 51

1目ゴム編みの作り目 ・・・・・・・・ 52
2目ゴム編みの作り目 ・・・・・・・・ 54

❯ 記号の編み方

基本の編み方

表目／裏目 ・・・・・・・・・・・・・ 55
ねじり目／ねじり目(裏目) ・・・・・・・ 56
すべり目／すべり目(裏目) ・・・・・・・ 57
浮き目／引き上げ目(3段) ・・・・・・・ 58
右上2目交差／左上2目交差 ・・・・・ 59

目の増やし方と減らし方

かけ目／巻き目 ・・・・・・・・・・ 60
右増し目／右増し目(裏目) ・・・・・・ 61
左増し目／左増し目(裏目) ・・・・・・ 62
右上2目一度 ・・・・・・・・・・・・ 63
右上2目一度(裏目) ・・・・・・・・・ 64
左上2目一度／左上2目一度(裏目) ・・・ 65

中上3目一度 ・・・・・・・・・・・・ 66
右上3目一度 ・・・・・・・・・・・・ 67
左上3目一度 ・・・・・・・・・・・・ 68

増やし目・減らし目のQ&A ・・・・・・・・ 69

❯ 目の止め方

伏せ止め／伏せ目
伏せ止め／伏せ目(裏目) ・・・・・・・ 70
1目ゴム編み止め ・・・・・・・・・・ 71
1目ゴム編み止め
(右が表目1目　左が表目2目の場合)／
1目ゴム編み止め(輪編み) ・・・・・・・ 72
2目ゴム編み止め ・・・・・・・・・・ 73
2目ゴム編み止め(右端が表目3目の場合)／
2目ゴム編み止め(輪の場合) ・・・・・・ 74

棒針編みのQ&A ・・・・・・・・・・・・・ 75

編み終わりの仕上げ

- **「はぎ」と「とじ」とは** ・・・・・・・・・・・ 76
- **棒針編みのはぎ方**
  - 引き抜きはぎ ・・・・・・・・・・・ 76
  - かぶせはぎ(かぎ針を使う場合)／
  - かぶせはぎ(棒針を使う場合) ・・・・・・・・ 77
  - メリヤスはぎ／
  - メリヤスはぎ(片方が伏せ止めの場合) ・・・・・・・ 78
- **かぎ針編みのはぎ方**
  - 引き抜きはぎ／巻きはぎ ・・・・・・・・・・・ 79
- **棒針編みのとじ方**
  - すくいとじ／増し目部分のとじ方／
  - ねじり増し目部分のとじ方／
  - 減らし目部分のとじ方 ・・・・・・・・・ 80
- **かぎ針編みのとじ方**
  - すくいとじ／巻きとじ／
  - 鎖引き抜きとじ ・・・・・・・・・・・・・ 81

- **糸始末の方法**
  - 棒針編み　段の途中で糸始末／
  - 棒針編み　編み地の端で糸始末 ・・・・・・ 82
  - かぎ針編み　段の途中で糸始末／
  - かぎ針編み　編み地の端で糸始末 ・・・・ 83
- **ボタン穴の作り方**
  - 棒針編み　ボタン穴のあけ方／
  - かぎ針編み　ボタン穴のあけ方 ・・・・・・ 84
  - 無理穴／ボタンのつけ方 ・・・・・・・・・・ 85
- **仕上げアイロン** ・・・・・・・・・・・・・・ 85
- **メリヤス刺しゅう** ・・・・・・・・・・・・・ 86

棒針の模様編み ・・・・・・・・・・・・・ 87
カバー作品の編み図(かぎ針編み) ・・・・・ 88
カバー作品の編み図(棒針編み) ・・・・・・ 90
編み目記号一覧 ・・・・・・・・・・・・・ 92
索引 ・・・・・・・・・・・・・・・・・・・・ 94

※カバーに掲載した小物の編み方は、日本文芸社のホームページからダウンロードできます。巻末をご覧ください。

編み物の基礎知識

編み針

かぎ針編み

繊細な作品を編むのに適しているかぎ針編み。ここでは、かぎ針編みに欠かせない用具を紹介します。

かぎ針

かぎ針は、かぎ針・レース針・ジャンボかぎ針の3種類に分けられます。片側にだけかぎがついている「片かぎ」と、両方にかぎがついている「両かぎ」の2種類があります。レース針はレースを編む際に使用し、かぎ針よりも細く、号数が大きくなるほど細くなります。ジャンボかぎ針はかぎ針よりも太く、極太以上の太い糸を編むときに使用します。

ジャンボかぎ針 (実物大)

7mm

8mm

かぎ針実物大（直径）

2/0号(2.0mm)
3/0号(2.3mm)
4/0号(2.5mm)
5/0号(3.0mm)
6/0号(3.5mm)
7/0号(4.0mm)
7.5/0号(4.5mm)
8/0号(5.0mm)
9/0号(5.5mm)
10/0号(6.0mm)

レース針
（写真はNo.0、実物大）

10mm

12mm

棒針編み

棒針は、玉つきの2本棒針と4本（5本）棒針、輪針の3種類があります。2本棒針には編み目がすべり落ちないように針の端に玉がついていて、往復編みをするときに使用します。4本（5本）棒針は輪に編む帽子やセーターの縁編みなどで使い、棒の両端が尖っているのが特徴です。えりやすその縁編みなど、目数の多いものは5本針で、細くて目数の少ないものは4本針で編むのがおすすめです。輪針は2本の針がナイロンのコードでつながっていて、主に輪編みをするときに使います。

2本棒針

4本棒針

輪針

ここで紹介したもののほかにも、ジャンボ針は7mmから25mmのものまで、種類が豊富にあります。

棒針実物大（直径）

- 0号（2.1mm）
- 1号（2.4mm）
- 2号（2.7mm）
- 3号（3mm）
- 4号（3.3mm）
- 5号（3.6mm）
- 6号（3.9mm）
- 7号（4.2mm）
- 8号（4.5mm）
- 9号（4.8mm）
- 10号（5.1mm）
- 11号（5.4mm）
- 12号（5.7mm）
- 13号（6mm）
- 14号（6.3mm）
- 15号（6.6mm）
- ジャンボ8mm

編み物の基礎知識 / 編み針

あると便利な道具

かぎ針・棒針共通

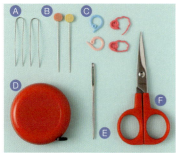

A アイロン仕上げ用ピン 作品の完成後にアイロンがけをするとき、台に編み地を固定します。

B まち針 そでつけなどで使用します。太めで針先が丸い、毛糸専用のものを使いましょう。

C 段数マーカー 編み進めながら、10段や20段などの目安となる段の編み地に留めていき、段数を数える際に使用します。

D メジャー ゲージ（P.11参照）をとるときや、立体的なもののサイズをはかるときに使用します。

E とじ針 とじ・はぎの際や、糸の始末などに必要です。糸の太さに合わせて選びましょう。

F はさみ 細かい部分をカットすることが多いため、刃先が鋭く小回りのきく手芸ばさみがおすすめです。

棒針のみ

A なわ編み針 交差編みをする際に、編み目を移し、その部分がほどけないようにするために使用します。

B ゴムキャップ 棒針の先端につけておき、編み目が棒から外れるのを防ぎます。これを使えば、4本（5本）針を2本針のように使用することもできます。

C カウンター 目数や段数を数えるときに使用します。ウエアなど、段数の多いものを編む際に便利です。

D 目数リング 目数を正確に数えるために使用します。丸く編むときに最初の位置につけておいたり、模様を編む位置の目印としても使用できます。

E ほつれ止め えりぐりなどを編む際に、休み目（編まずに置いておくこと）があるときに使用します。

とじ針に糸を通す

1 糸の先端を少し折り、とじ針の頭を間にはさんで折り線をつける。

2 糸をしっかりと持ち、糸に折り山をつけるようにとじ針を抜く。

3 形を保ったまま、穴に糸の折り山をゆっくりと通す。

4 穴から出た折り山を引き出すと、糸が通る。

糸について

素材

編み物に使用される糸は、とてもバリエーション豊富。糸を選ぶ際にポイントとなるのは、風合いや加工、それに太さです。同じ作品でも違う糸を使うとまったく別の見栄えに仕上がりますので、作りたい作品に応じて選ぶようにしましょう。

ストレートヤーン

太さや撚り方が一定でまっすぐな、一般的な糸。初心者におすすめです。

ループヤーン

表面にくるくるとした輪のある糸。編み目が目立ちません。もこもことした編み地に仕上がります。

モヘア

長い毛足があり、起毛してある糸。繊細でからまりやすい面も。軽くてふんわりとした、やわらかい手触りの編み地になります。

ツイード

ネップという小さいかたまりを入れて撚った糸。粗めの編み地で、渋い雰囲気に仕上がります。

スラブ

太さが均一でなく、ところどころに節のある糸。粗い糸を撚って作られています。

太さ

糸の太さは、基本的に写真の7種類です。太い糸には太い針、細い糸には細い針と、糸の太さに応じて針も替えましょう。針と糸を適切に組み合わせることで、編み地がゆるくなったりかたくなったりしてしまうのを防ぎます。

糸の太さと対応する針

糸の太さ	かぎ針	棒針
極細（ごくぼそ）	2/0号	0〜2号
合細（あいぼそ）	3/0号	2〜4号
中細（ちゅうぼそ）	3/0号	3〜4号
合太（あいぶと）	4/0号	4〜5号
並太（なみぶと）	5/0〜7/0号	6〜8号
極太（ごくぶと）	8/0〜10/0号	9〜14号
超極太（ちょうごくぶと）	7ミリ〜	15号〜ジャンボ針

ラベルの見方

ラベルには、糸の特徴や扱い方など多くの情報が記載されています。作品が完成するまで捨てずに保管しておきましょう。

品質	素材が書かれています。
重量と糸長	糸玉の重さと糸の長さです。同じグラム数であれば、糸長が長いほうが糸が細くなります。
参考使用針	糸を編むのに適した編み針の号数です。
標準ゲージ	適した針で糸を編んだときの標準的なゲージ（右ページ参照）です。棒針はメリヤス編み、かぎ針は長編みで編んだ場合のゲージが表示されています。
取り扱い方法	洗濯やアイロンをする際の適した方法です。
色番号とロット	色番号は毛糸の色を表していて、ロットは染色の生産番号です。同じ色番号でもロットが異なると、微妙に色が違う場合もあります。

糸のとり出し方

糸玉の中心に指を入れて、中心にある糸を引き出します。もし、かたまりで出てきた場合にも、そこから糸端を探してください。

ラベルが糸玉の中に入り込んでいる場合は、ラベルを外してから糸を引き出します。

糸のとり数

毛糸を1本のままで使うことを「1本どり」といいます。糸を何本か合わせて太くすることで、太い糸として作品を編んだりできます。同じ糸を2本合わせることを「2本どり」、3本なら「3本どり」と表現します。
また、違う種類の糸を合わせて使うときは「引きそろえる」といいます。
2本どり以上は、最初のうちは少し難しいので、まずは1本どりで練習し、慣れてきたらチャレンジしてみてください。

ゲージ

作品を表示通りのサイズに仕上げるためには、指定と同じ糸（または同等の太さの糸）を使うことが大切です。ゲージとは、編み地の大きさの基準となる目安です。縦10cm×横10cmに何目何段が入るかを表します。ゲージをとるためには、まず作品を編む糸で作品と同じ模様の試し編みをして寸法を測ります。それを編みたい作品のゲージや標準ゲージに合わせ、調節することを「ゲージを合わせる」といいます。

ゲージよりも目数や段数が多い場合は編み目が詰まってきついため、針を太くします。少ない場合はゆるいので、針を細くするとよいでしょう。

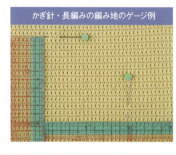
かぎ針・長編みの編み地のゲージ例

棒針編み・メリヤス編みの編み地のゲージ例

初心者が編みやすい糸

左から右に向かって、難易度が上がります。初心者の方に一番おすすめなのが、明るい色の並太から極太のストレートヤーンです。編みやすいだけでなく、目数や段数が数えやすいというメリットもあります。逆に、色が濃いものは目数や段数が数えにくいため、ちょっと苦労する糸です。極細糸は、大きな作品を編むのにかなりの時間を要します。一番不向きなのが、モヘアなど毛足の長い糸。目数や段数が数えにくいだけでなく、編み目が不ぞろいでわかりづらいため上級者向けです。

明るい色・並太　／　色の濃い糸　／　極細糸　／　毛足の長い糸

易 → 難

編み物の基礎知識 / 糸について

かぎ針編み

かぎ針編みの基礎

各部の名称

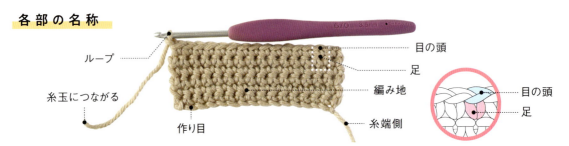

- ループ
- 糸玉につながる
- 作り目
- 目の頭
- 足
- 編み地
- 糸端側

編む方向と編み図の見方

往復編み

1本のかぎ針で往復して編み、段数は下から上へと数えます。1段を右から左へ端まで編んだら裏返して立ち上がりの鎖(P.13参照)を編み、次の段は裏側を見ながら同じように右から左へ編みます。編み図は表側から見た図で書かれていて、左右にある矢印は編む方向、数字は段数を指しています。

輪編み

中心から編み始め、円を描くようにして、反時計回りにずっと表側を見ながら編み続けます。段数は中心から外側に向かって数え、編み図の中にある数字が段数を指しています。立ち上がって編み地を裏返し、往復編みをする場合もあります。

編み目の高さ、立ち上がり

編み目の高さ

かぎ針編みの編み目は、編み方によって高さが違います。鎖編みの1目分を1とすると、細編みは同じ高さ、中長編みは2倍、長編みは3倍、長々編みは4倍になります。これより長いものは三つ巻き長編み、四つ巻き長編み…と増え、立ち上がりの鎖も1目ずつ増えていきます。これを意識して高さをそろえるように編むとよいでしょう。

立ち上がり

かぎ針編みでは段の始めに、「立ち上がり」と呼ばれる鎖目を編みます。これは本来編むべき編み目の高さを鎖目で代用するもので、段の始めに「立ち上がり」を編まないと目がつぶれたようになってしまいます。編み目に応じて「立ち上がり」の目数は変わり、細編み以外は「立ち上がり」を段の最初の1目と数えます。

引き抜き編み目	細編み目	中長編み目	長編み目	長々編み目
立ち上がりなし	立ち上がり1目	立ち上がり2目	立ち上がり3目	立ち上がり4目

端の拾い目

細編み以外の編み方は立ち上がりも1目と数えます。そのため、前段の端の目を拾うときに、どこを拾うかで目数が増えたり減ったりしがちなので要注意です。

正しい拾い目

立ち上がりの目をきちんと拾うと、各段の目数が合って正しい編み地になる。

編み目が増えた編み地

各段の編み始めで、立ち上がりの台の目にも編むと（ A 図の赤の部分）目数が増えてしまう。

編み目が減った編み地

各段の編み終わりで、前段の立ち上がりの鎖編み（ A 図の青の部分）を拾い忘れると目数が減る。

※ A は立ち上がりの台の鎖目もない

かぎ針の持ち方

鉛筆を持つのと同じように、親指と人さし指で軽く軸を持って、中指を添えます。中指は針にかかった糸を押さえたり、編み地を支えたり、針の動きを助けたりと適宜動かします。針先はかぎ部分が常に下を向いているように持ちます。

糸のかけ方

1 右手で糸端を持ち、左手の小指にかけたら手のひら側に渡らせて人さし指にかける。

2 糸端を親指と中指で軽くつまむように持ち、人さし指を立てて糸を張る。

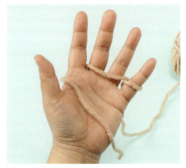

滑りやすい糸のときは
糸が滑りやすく編みにくいときは、小指に1回糸を巻きつけるとよい。

目の作り方

鎖の作り目

① 糸の向こう側から針を当て、矢印の方向に針を回転させる。

…… 糸端側

② 1回転して糸が針に巻きついたところ。

③ 輪の根元を左手の親指と中指で押さえ、針に糸をかける（P.22鎖編み ② 参照）。

④ ③で針にかけた糸を引き出したところ。

⑤ 左手の親指と中指で、持っている糸端を引っ張って輪を引き締める。これで最初の目が完成（作り目の数には入れない）。

⑥ 針にかかっているループを引き締めて ③ ④ を繰り返し、必要な目数を編む。

鎖目の表と裏

鎖編みは表と裏で右のようになっています。裏側には糸がこぶのように出ている部分があり、ここを「裏山」と呼びます。

鎖目の拾い方の違い

A 鎖の裏山を拾う

鎖の表が残るので、編み上がりがきれいです。あとで縁編みなどをしない場合に向いています。ただし、拾うのが少し大変なので、中・上級者向き。裏山は表の編み目と少しずれて見えるため、拾う位置を間違えないようにしましょう。

前から見たところ

下から見たところ

B 鎖の半目と裏山を拾う

糸を2本すくうため、作り目部分に少し厚みが出て、安定感があります。透かし模様など、作り目を何目か飛ばして拾うときや、細い糸で編むときに向いています。

前から見たところ

下から見たところ

C 鎖の半目を拾う

作り目に伸縮性がほしいときや、作り目の両側から拾い出すときに向いています。拾う位置がわかりやすいので初心者向き。ただし、半目だけをすくうために不安定で、伸びやすく、隙間があきやすくなります。

前から見たところ

下から見たところ

作り目の工夫

作り目を編むときは針の号数を替えましょう

鎖目を作り目として使う場合は、鎖が編み目に引っ張られて作り目がつれてしまいます。それを防ぐために、作り目の鎖は編み地に使う針よりも少し太い針（1号〜2号太め）でゆるめに編むのがおすすめです。

ちょうどよい編み地

2号太い針で作り目を編み、そこから拾って編むとちょうどよい編み地になる。

つれてしまった編み地

編み地と同じ号数の針で編むと、作り目がつれてしまう。

作り目は多めに編んでおきましょう

作り目の数が多い場合、数え間違いや拾い間違いなどで、一段めの終わりに作り目の数が足りないということがあります。ほどくのは簡単なので、鎖編みの作り目は少し余分に編んでおくとよいでしょう。

余った作り目

余った作り目のほどき方

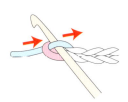

❶ 糸端につながっている糸を引き出す。

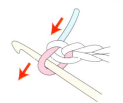

❷ さらに糸端につながっている糸を引き出す。

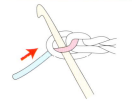

❸ 同じようにもう一度引き出す。

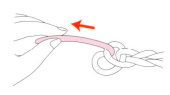

❹ 指で引き出して、余った分をほどく。

輪の作り目（細編み）

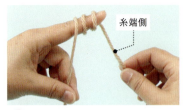

① 左手の人さし指に糸端を3回巻きつける。

② 糸端は左手の中指と親指ではさんで持ち、指にかけた輪の中に針を入れる。

③ 右手の中指で輪の部分を押さえながら、左手から糸を外す。

④ 左手に糸をかけ、輪の部分を中指と親指で持って、針に糸をかける。

⑤ ④で針にかけた糸を矢印のように輪の中から引き出したところ。

⑥ もう一度糸をかけて引き出す。

⑦ 編み始めの目が完成。ただしこの目は1目に数えない。

⑧ 鎖編みを1目編む。これが立ち上がりになる。

⑨ 矢印のように輪の中に針を入れ、必要な目数（ここでは6目）の細編み（P.22参照）を編む。

かぎ針編み / 目の作り方 / 輪の作り目（細編み）

10 1目めの頭に針を入れる。立ち上がりの目に入れないように注意。

11 糸端側を少し引っ張り、輪の2本の糸のうち動くほうの糸がどちらかを確かめる。

12 **11**で動いたほうの糸を持って引っ張り、もう片方の輪を引き締める。

13 もう一度糸端を持って引っ張り、残りの輪も引き締める。

14 針を右手に持ち、針に糸をかけて引き抜く。

15 1段めが編み終わった。

16 **14**で引き抜いた糸はループを押さえてぎゅっと引っ張り、引き抜きの目を小さくする。

POINT

はじめのうちは、1段めの最後で引き抜き編みをするときに、1目めがわからなくなりがちです。1目めを編んだら頭の部分に編み目リングや段数マーカーをつけるとよいでしょう。

輪の作り目（長編み）

1 18ページの①〜⑦と同じようにして最初の目を編む。立ち上がりの鎖編みを3目編む。

2 針に糸をかけ、矢印のように輪の中に針を入れて長編み（P.24参照）を編んだところ。立ち上がりの目も1目と数えるので、2目編んだ。

3 必要な目数（ここでは14目）が編めたらループを大きくし、針を外す。

4 19ページの⑪〜⑬と同じようにして、輪を引き締める。ループに針を戻す。

5 1段めの最初の立ち上がりの鎖3目の目の頭2本に針を入れて引き抜く。これで1段めが完成。

鎖の輪の作り目

1 輪の中心にする鎖を編む（ここでは6目）。

2 作り目の1目めの鎖の半目と裏山（P.16参照）に針を入れる。

3 針に糸をかけて引き抜く。

④ 鎖編みの輪ができたところ。

⑤ 鎖1目を編む。これが立ち上がりの目になる。

⑥ 輪の中に針を入れる。

⑦ 針に糸をかけて引き出し、細編み（P.22参照）を編む。

⑧ 細編みが1目編めたところ。

⑨ 作り目に細編みを必要な目数だけ（ここでは10目）編み入れたら、最初の細編みの頭2本を拾って針を入れる。

⑩ 糸をかけて引き抜く。これで1段めが編めたところ。

POINT

輪の作り目から編むと中心の穴が引き締まって目立たず、鎖の作り目から編むと中心の穴が目立ちます。作品のデザインによって選ぶようにしましょう。

輪の作り目から編んだもの

鎖の作り目から編んだもの

かぎ針編み / 目の作り方 / 輪の作り目（長編み）/ 鎖の輪の作り目

記号の編み方

基本の編み方

 鎖編み（くさりあみ）

1 糸の向こう側から針を当て、針を矢印のように回転させ、輪を作る。

2 親指と中指で輪の交点を押さえながら、矢印のように針を動かし、糸をかける。

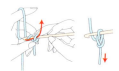
3 かけた糸を輪の中から引き出す。糸端を下に引いて、輪を引き締める。この目は目数に数えない。

4 ループを軽く引き締め、針に糸をかけて引き出すと鎖1目になる。

5 4を繰り返して編み進める。

 細編み（こまあみ）

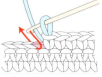
1 前段の目の頭2本に矢印のように針を入れる。

2 針を入れたところ。

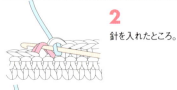
3 針に糸をかけ、向こう側から手前に引き出す。

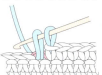
4 引き出したループが鎖1目分の高さになるようにする。

5 再び針に糸をかけ、2つのループを矢印のように一度に引き抜く。

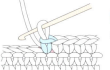
6 細編みの完成。

● 引き抜き編み

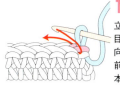

1 立ち上がりの鎖目は編まず、糸を向こう側にして、前段の目の頭2本に針を入れる。

2 針に糸をかけて、一度に糸を引き出す。

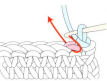

3 引き抜き編み1目が編めたところ。同じように隣の目に針を入れて編む。

T 中長編み

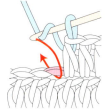

1 針に糸をかけ、前段の目の頭2本を拾って針を入れる。

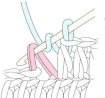

2 針を入れたところ。

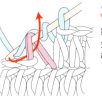

3 針に糸をかけ、矢印のように糸を引き出す。

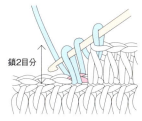

鎖2目分

4 引き出したループが鎖2目分の高さになるようにする。この状態が「未完成の中長編み」。

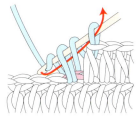

5 再び針に糸をかけて、針にかかった3つのループを矢印のように一度に引き抜く。

6 中長編みの完成。

長編み
<small>ながあみ</small>

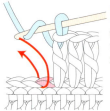

1 針に糸をかけ、前段の目の頭2本に針を入れる。

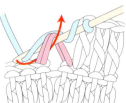

2 針に糸をかけ、矢印のように糸を引き出す。

3 引き出したループが鎖2目分の高さになるようにする。

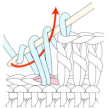

4 再び針に糸をかけ、針にかかったループを2つ、矢印のように引き抜く。

5 「未完成の長編み」となる。再び針に糸をかけ、針に残った2つのループを一度に引き抜く。

6 長編みの完成。

POINT

方眼編みの目をきれいにそろえるためには、イラストのように頭2本と裏山の3本を拾いながら編む方法もあります。写真の左は普通の編み方、右は裏山まで拾っている編み方です。

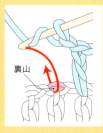

裏山

普通の編み方 / 足まで拾っている編み方

長々編み

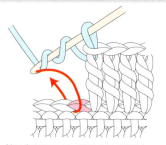

1 針に糸を2回かけ、前段の目の頭2本に針を入れる。

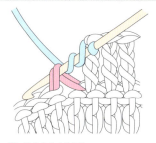

2 針を入れたところ。

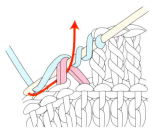

3 針に糸をかけ、鎖2目分の高さになるように、糸を引き出す。

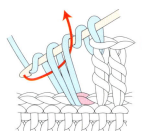

4 再び針に糸をかけて、針にかかった2つのループを矢印のように引き抜く。

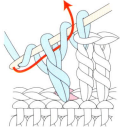

5 針に再度糸をかけて、2つのループを矢印のように引き抜く。

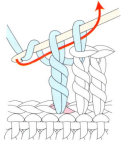

6 「未完成の長々編み」となる。再び針に糸をかけ、針に残った2つのループを一度に引き抜く。

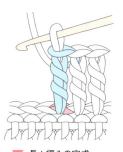

7 長々編みの完成。

長々編みを応用

長々編みをさらに長くすると「三つ巻き長編み」になります。三つ巻き長編みは、長々編みよりも鎖1目分長い編み目で、針に糸を3回巻きつけてから編み、立ち上がりには鎖5目分が必要です。これより長い編み目は、初めに糸を巻きつけた回数が編み目の名称になり、巻きつける回数、立ち上がりの鎖、引き抜く回数がそれぞれ1つずつ増えます。

変わり中長編み3目の玉編み

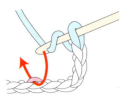
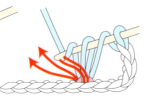
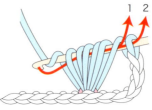
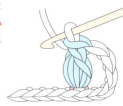

1 針に糸をかけて、前段（ここでは作り目）の目に針を入れ、未完成の中長編みを編む。

2 未完成のまま針に糸をかけた状態で、同じ目に未完成の中長編みをあと2つ編む。

3 針に糸をかけ、針にかかった6つのループを引き抜き、針に糸をかけてもう一度引き抜く。

4 中長編み3目の玉編みの完成。

 ## 長編み3目の玉編み

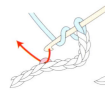

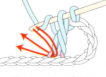
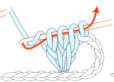

1 針に糸をかけて、前段（ここでは作り目）の目に針を入れる。

2 未完成の長編みを編む。

3 針にループをかけた状態で、同じ目に未完成の長編みをあと2つ編む。

4 針に糸をかけ、針にかかった4つのループを一度に引き抜く。

5 長編み3目の玉編みの完成。

長編み5目のパプコーン編み

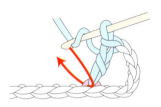

1 前段（ここでは作り目）の目に長編みを5目編む。

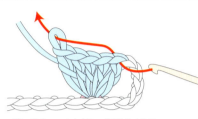

2 針をいったん外し、矢印のように最初の目と最後の目のループに針を入れ直す。

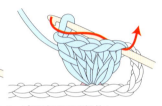

3 ループを最初の目に引き抜く。

4 針に糸をかけ、鎖1目を編んで引き締める。

5 長編み5目のパプコーン編みの完成。

玉編みとパプコーン編みの違い

玉編みは、針に糸をかけて一度に引き抜き、パプコーン編みは、いったん針を外して最初の目からループに針を入れ直すという点が異なります。編み上がりは、どちらにも丸みがあるのは共通しています。玉編みの表面はやや平たく丸い形になり、裏にできる編み目は大きくふくらんで、ちょうどパプコーン編みの表側のようになります。対してパプコーン編みは、表側は丸く立体的な形になり、裏側には空間ができます。

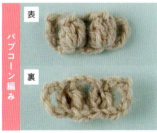

長編みの表引き上げ編み

1 針に糸をかけ、矢印のように前段の目の全体をすくって針を入れる。

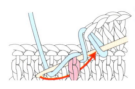
2 針に糸をかけ、糸を引き出す。

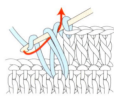
3 針に糸をかけ、針にかかっている2つのループを引き抜く。

4 また針に糸をかけ、針に残っている2つのループを引き抜く。

5 長編みの表引き上げ編みの完成。

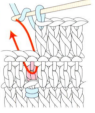
往復編みで次の段を編むとき
裏側から、矢印のように前段の目の全体をすくって糸を引き出します。編み方は、下の「裏引き上げ編み」と同じです。

長編みの裏引き上げ編み

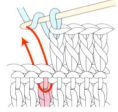
1 針に糸をかけ、矢印のように前段の目の全体をすくって針を入れ、糸を引き出す。

2 針に糸をかけ、針にかかっている2つのループを引き抜く。

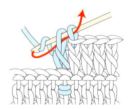
3 さらに針に糸をかけ、針に残った2つのループを引き抜く。

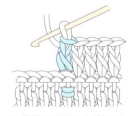
4 長編みの裏引き上げ編みの完成。

╳ 長編み1目交差(ひとめこうさ)

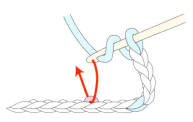

1 針に糸をかけ、前段（ここでは作り目）に針を入れる。

2 長編みを編む。

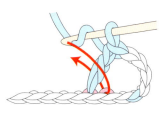

3 針に糸をかけ、1目手前の目に矢印のように針を入れ、糸を引き出す。

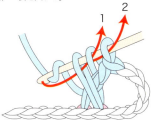

4 最初に編んだ長編みを編みくるむように長編みを編む。

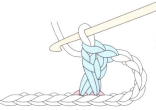

5 長編み1目交差の完成。

応用いろいろ

引き上げ編みと長編み1目交差を応用すると、右のように棒針の交差編み（P.59参照）のようなデザインに仕上げることもできます。編み入れる箇所に気をつけながら、ぜひトライしてみてください。

すじ編み・うね編み

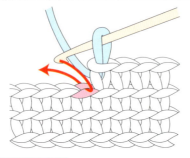

1 前段の目の頭の向こう側半目に、矢印のように針を入れて細編みを編む。

すじ編みとうね編みの違い

すじ編みもうね編みも編み方は同じです。すじ編みが常に表側だけを見て編んでいくのに対し、うね編みは段ごとに編み地を裏返しながら表と裏を交互に編んでいきます。つまり、すじ編みが輪編み、うね編みが往復編みです。すじ編みは拾わなかった半目がすじのように見え、うね編みは編み地が凸凹してうねのように見えます。

すじ編み

うね編み

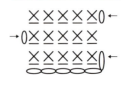

バック細編み

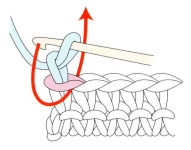

1 編み地を裏返さずに立ち上がりの鎖1目を編み、矢印のように針を回して前段の目の頭2本を拾う。

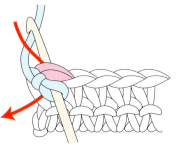

2 糸の上から針をかけ、矢印のように手前に引き出す。

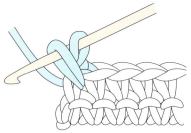

3 糸を引き出したところ。

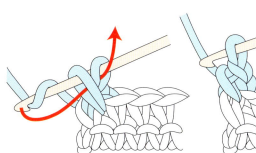

4 針に糸をかけ、針にかかった2つのループを引き抜いて細編みを編む。

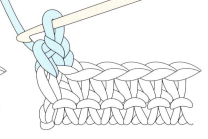

5 バック細編みが1目編めたところ。

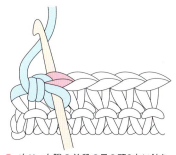

6 次は、右隣の前段の目の頭2本に針を入れて、**2**〜**5**を繰り返す。

鎖3目のピコット

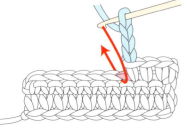

1 鎖3目を編み、前段の目の頭2本に針を入れて細編みを編む。

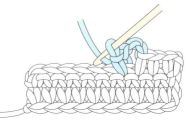

2 鎖3目のピコットの完成。

鎖3目の引き抜きピコット

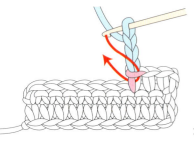

1 鎖3目を編み、細編みの頭半目と足の1本に針を入れる。

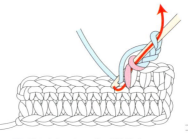

2 針に糸をかけ、一度に引き抜く。

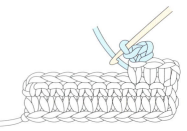

3 鎖3目の引き抜きピコットの完成。

目の増やし方と減らし方

編み地の幅を広げたり、円形に編んだりするときには「増し目」をして目を増やします。1つの目に同じ種類の編み目を複数回編み入れることで編み目の数が増えます。編み地の幅をせばめたり、帽子など筒状のものを細くしたりするときには「減らし目」をします。複数の目を1つに集約して編み目の数を減らす編み方です。編み目の途中まで編んでおいた「未完成の目」を、1目にまとめます。

 細編み2目編み入れる

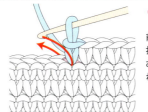
1 前段の目の頭2本を拾って細編みを編む。さらに同じ目に針を入れ、細編みを編む。

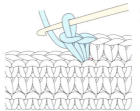
2 同じ目に細編みが2目編み入れられ、1目増えた。

 長編み2目編み入れる

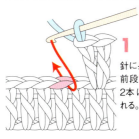
1 針に糸をかけ、前段の目の頭2本に針を入れる。

2 長編みを1目編む。

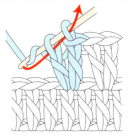
3 同じ目にもう1目長編みを編む。

| 細編み3目編み入れる

 | 長編み3目編み入れる

前ページで紹介しているのは「2目編み入れる」までですが、3目のときは左のような記号になります。さらに目を増やして編み入れることもあります。編み入れる目の数が、そのまま「○目編み入れる」と表現され「3目編み入れる」「4目編み入れる」と変化します。減らし目も同様で、ここで紹介しているのは2目までですが、3〜4目を一気に減らしたりすることも可能です。

 | 長編み2目編み入れる（束に拾う）

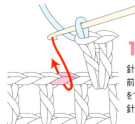

1 針に糸をかけ、前段の鎖編みをすべて拾って針を入れる。

2 長編みを1目編む。

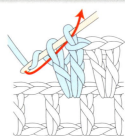

3 同じように鎖編みをすべて拾って、もう1目長編みを編む。

増し目記号のルール

「編み入れる」を意味する編み目記号には、記号の根元がくっついているものと離れているものとがあります。根元がついているかいないかで、編み方は同じでも編み入れ方が変わるので注意してください。

根元がついている＝目に入れる

前段の1目に針を入れて編む。どの編み方でも目数が何目になっても同じで、くっついている目はすべて同じ1目に編み入れます。

根元が離れている＝束に拾う

前段の鎖編みなど、ループ全体をすくって編むことを束に拾うといいます。どの編み方でも、何目になっても方法は変わりません。

細編み2目一度

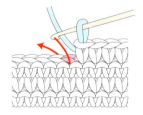
1 前段の目の頭2本に針を入れる。

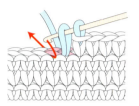
2 針に糸をかけて鎖1目分の高さに引き出す(未完成の細編み)。次の目の頭2本に針を入れ、未完成の細編みを編む。

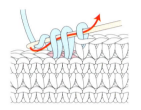
3 針に糸をかけ、針にかかっている3つのループを一度に引き抜く。

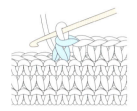
4 細編み2目一度が編め、1目減った。

 長編み2目一度

1 針に糸をかけて、前段(ここでは作り目)の目に針を入れる。

2 鎖2目分の高さに糸を引き出し、針に糸をかけて針にかかった2つのループを引き抜く(未完成の長編み)。

3 針に糸をかけ、次の目にも未完成の長編みを編む。

4 針に糸をかけ、針にかかっている3つのループを一度に引き抜く。

5 長編み2目一度の完成。

糸の替え方

※わかりやすいように、使用する糸の色を替えています。

編みながら糸を足す（途中で糸が足りなくなったとき、途中で色を替えるとき）

1 糸を替える直前の編み目の、最後に引き抜く手前（未完成の編み目）で、元の糸を針の手前から向こう側にかける。

2 元の糸と新しい糸の糸端は編み地の裏で押さえておく。新しい糸を左手に持ち、針にかける。

3 2でかけた糸を引き抜く。これで新しい糸に替わる。

4 新しい糸で編み進める。

糸をつける（続けて編むことができないときなど）

1 糸をつけたい目に針を入れ、針に糸をかける。

2 1でかけた糸を引き出す。

3 新しい糸の糸端を左手の指にかけた糸の上にのせる。

4 鎖編みを1目編む。

5 糸端を引いて編み目を引き締める。これで新しい糸がついた。

糸端を編みくるむ（編み込み模様などで色を替えるとき）

1 色を替える直前の編み目の、最後の引き抜きのときに新しい色（ここでは赤）の糸を左手に持つ。

2 新しい糸を針にかける。

3 2でかけた糸を引き抜く。これで色が替わった。

4 元の糸と新しい糸の糸端を編み地に添え、次の目からその2本の下に針をくぐらせて目を拾う。

5 1目編めたところ。ここでは3目ごとに色を替えて編む。

6 3目めの途中（未完成の編み目）で、元の糸（ここでは白）を左手に持つ。

7 糸をかけて引き抜く。元の色に戻った。

8 同じように白で赤を編みくるむ。

9 裏から見たところ。赤い糸が白の編み地に入っているので、糸が渡らない。

目の止め方

最後まで編んだら、編み終わりの目を止めます。この作業のあとに、アイロンをあてたり、はいだりとじたりします。

編み終わりの目の止め方

① 編み終わったら、必要な長さ（10cm程度、はぎやとじに使用する際はつなぐ長さの3倍程度）に糸を切る。

② 鎖編みを編んで、そのまま糸端を抜く。

③ 糸を引き、最後の鎖編みを引き締める。

鎖がつながって見える目の止め方

※わかりやすいように、使用する糸の色を替えています。

① 最後の目を編んだら、糸を10cmほど残して切り、ループを引いて糸端を抜く。

② とじ針を通し、立ち上がりの鎖の隣の目の頭に、向こう側から針を入れる。

③ 元の目の頭に戻し、ほかの目と同じ大きさになるように糸を引き締める。

かぎ針編みのQ&A

Q1 目の頭の大きさがそろいません！どうすればいいですか？

A1 編み始めるときに、左手のテンションを調節し、針にかかっているループを締めすぎない程度に引き締め、針の太さと同じにしてみてください。そのループを中指または薬指で押さえて次の目を編むと、目の頭の大きさがそろいやすくなります。

Q2 かぎ針に糸が正しくかかっているか、よくわかりません。

A2 糸を引いてチェックしてみましょう。糸を引くと同時にループの手前の糸が動けば、正しくかかっています。

Q3 かぎ針編みと棒針編みはどう使い分けるといいのですか？

A3 透け感のある夏ものの服や麻ひもバッグなどはかぎ針編み、セーターなどの冬服は棒針編みが向いていると思います。特に、メリヤス編みで編むと伸縮性が出ますので、靴下や手袋にも棒針編みが向いているのではないでしょうか。
ただし、最近はかぎ針の引き上げ編みのアランセーターや、かぎ針で編んだ靴下や手袋などもありますので一概には言えず、最終的には好みになります。モチーフを編みたいときには棒針で編むと難易度が高いので、最初はかぎ針編みがおすすめです。

かぎ針編み　目の止め方

棒針編み

棒針編みの基礎

各部の名称

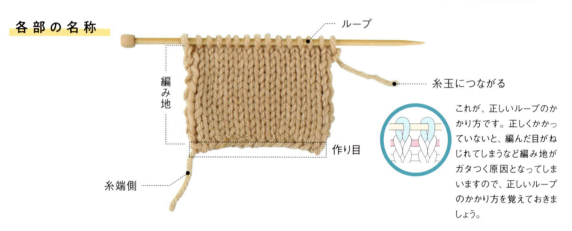

これが、正しいループのかかり方です。正しくかかっていないと、編んだ目がねじれてしまうなど編み地がガタつく原因となってしまいますので、正しいループのかかり方を覚えておきましょう。

棒針編みのポイントと針の持ち方

棒針編みは、常に右から左に編んでいき、これから編む糸は、右の写真では左の人さし指にかかっています。右の指にかける方法もあります。
そして、「今、針にかかっている段」が「現在編んでいる段」になります。この写真でたとえれば、今は15段めを編んでいるところだとすると、右針にかかっているのが15段め、左の針にかかっているのが14段めです。
棒針はフォークとナイフを持つように、上から手をかぶせて持ちましょう。

編み方

往復編み

- 棒針2本で編む
- 平編みとも呼ばれる
- マフラーや身ごろ、そでなど平面のものを編むときに使用
- 段ごとに編み地を裏返しながら編む
- 裏から編むときは記号を逆に読んで、表から見て編み図通りになるよう編む

輪編み

- 輪針や4本（5本）針を使用する
- 輪になるようにぐるぐると編む
- 主に帽子や手袋、靴下など筒状のものを編むときなどに使用
- 継ぎ目がなく立体的な編み地になる
- 編み地を裏返さず、常に表を見ながら記号通りに編み進める

記号図の見方

記号図とは、1目1段を1マスとして、編み目記号を使って編み方を示した図。表から見た編み目の状態が書かれており、下から編みます。

基本となるメリヤス編みは、表から見るとすべて表目、裏から見るとすべて裏目で構成されています。表目で編むことを表編み、裏目で編むことを裏編みともいいます。裏側から裏編みすると、表側は表目になります。

右の2つはどちらも表メリヤス編みですが、往復編みの場合と輪編みの場合とでは、編み方が異なります。

往復編みの場合

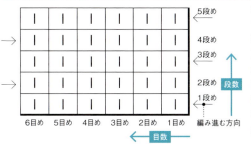

右下から編み始めます。1段ごとに編み地を裏返しながら表と裏を交互に編んでいきます。矢印の通り、奇数段は表編みで編みますが、偶数段は裏側から編むことになるので裏目で編みます。

輪編みの場合

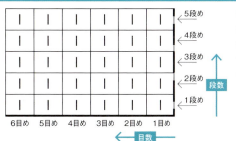

輪に編むときは常に表から編むため、記号図を見たまま編み進みます。どの段も右から左へ表目を編みます。

製図の見方

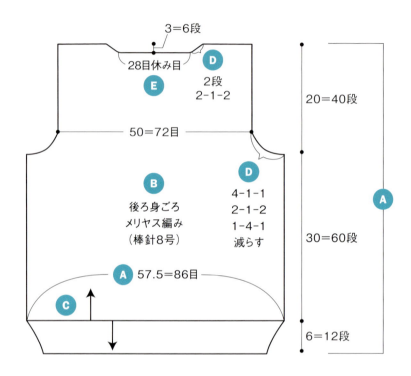

A 寸法と目数段数。数字の単位はcm。

B 編み地の名称と編み方、使用する針。

C 編む方向。↑は上に向かって編み、↓は下に向かって編む。

D そでぐりやえりぐりの減らし方を数字で表したもの。下から編んでいくので、下から読む。1-4-1は、1段ごと4目1回と読む。2目以上は段の編み始めでしか減らせないので、右側は奇数段、左側は偶数段でしか減らせない。最初が1段ごと、以降が2段ごと、4段ごとと偶数になっているのはそのためで、右側と左側では1段ずれる。

E 休み目または伏せ目（P.70参照）。休み目の場合は、編み目をほつれ止めなどに移して休ませる。右肩を先に編んで糸を切り、左肩はえりぐりから新しい糸をつけて編む。

棒針編みの編み地

メリヤス編み

棒針編みの基本となるもので、すべて表目だが、往復編みのときは偶数段を裏目で編む。薄めの仕上がりになる。編み地の端が丸まりやすい。セーターやくつ下、手袋など幅広く使われる。

裏メリヤス編み

メリヤス編みの裏側の編み地。往復編みの場合は奇数段は裏目、偶数段は表目で編む。

ガーター編み

往復編みのすべての段で表編みだけを繰り返す編み地なので、初心者向き。偶数段の記号は裏目になる。仕上がりは厚みがあり、最近は縁編みに使われることが多い。

かのこ編み

段ごとに表編みと裏編みを交互に編む。ボコボコとした凹凸のある編み地になり、立体感が出やすい。縁編みやマフラー、バッグ、セーターなど幅広く使われる。

1目ゴム編み

表編みと裏編みを交互に編んで、同じ目を縦にそろえた編み地。横方向に伸縮性が出る。ウエアの縁編みや小物、マフラーなどに多く使われる。

目の作り方

※ガーター編みの作り目の場合は、針1本で作ります。1段めがゆるんで伸びたように見えるためです。

指で糸をかける作り目

1 糸端から、編む幅の3〜4倍の長さのところでループを作る。

2 ループの中から糸（糸玉側）を引き出す。

3 糸端側の糸を引いて引き締め、矢印の通りに棒針を入れる。

4 棒針を入れたら、糸を引いてループを引き締める。これが1目めになる。

5 2本の糸を左手の薬指と小指で軽く握る。

6 2本の糸の間に左手の人さし指と親指を入れて糸を広げる。

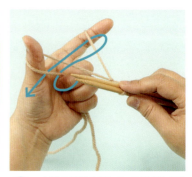

7 左手の手首を返して、手のひらを手前に向け、矢印の通りに針を動かす。

7 をさらにくわしく

A 親指の手前側の糸★に下から針を入れる。

B 人さし指の手前側の糸●を上から引っかける。

C **A**で入れたところ（★の下）から引き出す。

8 糸を引き出しながら、親指にかかっている糸を外す。

9 左手の親指を引いて糸を引き締める。

10 **7**〜**9**を繰り返して必要な数の目を作る。指定の数の作り目ができたら、針を1本抜いて40ページのように持って編み始める。

別糸の鎖から編む作り目

別糸の鎖とは、本体を編んでいる糸とは別の糸で鎖の作り目をするという意味です。別糸の鎖で作り目をする場合、ほどくことが前提になるので、本体を編む糸と同じ太さのもので、色が違うものを使用するのがおすすめです。使用する棒針と同じくらいの太さまたは1〜2号太めのかぎ針で、ゆったりと編みます。

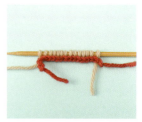

1 別糸を使ってかぎ針で鎖編みを作り目の数+2目ほど、ゆるめに編んでおく。棒針1本を持ち、編み始め側の鎖編みの裏山（P.16参照）に針を入れる。

2 編む糸を左手に持ち、糸端から約15cmのところに針をかける。

3 ❷でかけた糸を表目（P.56参照）を編む要領で引き出す。1目編んだところ。

4 同じようにして必要な数の目を編む。これが1段めになる。

別糸からほどいて編み出す（反対側に向かって編むときの作り目）

1 別糸の編み終わり側の糸端をほどく。

2 編み地の端までゆっくりほどいたところ。

3 鎖編みをほどきながら編み地の目を玉のついていない棒針で拾う。目の向きが逆にならないように注意。（P.40のイラスト参照）

④ ループに残っている別糸を引き抜く。

⑤ 1目ずつ針を入れてほどく、を繰り返す。

⑥ 目をすべて拾ったところ。目の数を確認しておく。

⑦ 新しく糸をつけて、反対向きに編む。数段編み進んだところ。

編んだ方向

POINT

編み下げる際に編み上げた針の号数と同じものを使うと、ゴム編みの編み目は上の編み地よりも大きくなってしまいます。そのため、針の号数をマイナス1〜3号した上で、縁編みの幅を目数で調整するとよいでしょう。

棒針編み / 目の作り方 / 別糸の鎖から編む作り目 / 別糸からほどいて編み出す

共鎖の作り目
とも ぐさり

① 使用する棒針よりも1〜2号太いかぎ針で、必要な目数を編む。

② 最後の目を棒針に移す。移した目が1目め。

③ 裏山（P.16参照）の2目めに棒針を入れる。

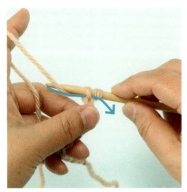

④ 針先に糸をかけて引き出す。

⑤ 2目めが編めたところ。編み地に角ができる。

⑥ 裏山から1目ずつ拾って編んでいき、最後まで編めたところ。この段を1段めと数える。

かぎ針で糸をかける作り目

※ガーター編みの作り目の場合は、棒針1本で作ります。1段めがゆるんで伸びたように見えるためです。

1 指で糸をかける作り目（P.44参照）の❶〜❸と同じようにループを作ってかぎ針に通す。左手に棒針2本を持ち、右手にかぎ針を持つ。

2 左手にかかる糸の上に棒針を置き、手前側にあるかぎ針に糸をかける。

3 ❷でかけた糸を引き抜く。

4 棒針の向こう側に糸がくるように、人さし指にかかる糸を棒針の上から向こう側に回す。

5 ❷〜❹を繰り返し、必要な数より1目少ない目数を編む。

6 最後の1目は、かぎ針にかかっているループを棒針に移す。

7 棒針を1本抜く。これを1段めと数える。

POINT

かぎ針を使った作り目は、糸端から作り始められるので、糸にムダがでないのがポイント。裏山を拾うこともないので、初心者でもやりやすい作り目です。

4本針を使って輪に編む場合の作り目

1 必要な数の作り目（ここでは、指で糸をかける作り目 P.44参照）をする。ここで見えている手前の部分が表側。

2 針を1本抜き、作り始めた側（A）から3分1程度の数の目を移す（5本針の場合は4分の1程度）。

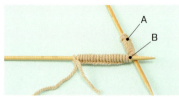

3 1本に移し終わったところ。3本めの針にはBから全体の3分の1程度の目を移す。

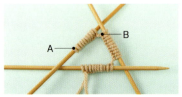

4 3本の針に同じように振り分けたところ。表側が外側を向くように輪にする。このとき、作り目がねじれないように注意する。

5 Aの針を左手に持ち、糸玉側の糸を左手にかける。4本めの針で編み始める。5本針の場合は4本の針に振り分け、5本めの針で編む。

6 1目編んだところ。作り目の最後と2段めの最初の目がつながり、輪になる。すき間があかないよう注意する。

輪針を使って輪に編む場合の作り目

1 棒針1本に輪針の片側1本を添えて作り目をする。

2 必要な数だけ作り目をし、棒針を抜く。編み終わり側を右手に持ち、糸玉側の糸を左手にかける。

3 最初の目と最後の目を向き合わせ、1目めを編む。作り目がねじれないように注意する。

棒針編みの Q&A

Q1 ゲージって、どうしてもとらないといけませんか？

A1 とることをおすすめします。小物の場合は多少ゲージが違ってもよいかもしれませんが、ウエアの場合は、サイズが変わってしまう可能性があります。

「ゲージをとらなければならない」と考えるよりも「糸や模様の編み方を練習できる」と考えてみてはいかがでしょうか。「新しいこの糸を編んだらどんなふうになるだろう」と、ワクワクしながら試し編みをしてみてください。楽しんでもらうことが一番だと思います！

Q2 4本針と5本針は、どう使い分けるべきでしょうか。

A2 4本針は3本で編み地を作るので三角形の輪に、5本針は4本で編み地を作るので四角形の輪になります。三角形の輪のほうが鋭角で、四角形よりも1本にかかる目数が多くなります。

私は四角形の輪が好みなので、なるべく5本針を使っていますが、決まりなどはありません。ご自身の好きなほう、使いやすいほうで編むのがおすすめです。

ちなみに、私は輪針が大好きなので往復編みをするときも輪針を使っているくらいです。こんなふうに、自分の好みを追求してみるのも楽しいですよ！

1目ゴム編みの作り目

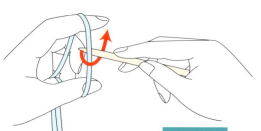

1 編む幅の4倍程度の糸端の長さのところで、糸端側を親指に、糸玉側を人さし指にかけて持つ。針を向こう側から当てて、矢印のように手前に回して1目めを作る。

> **POINT**
> 本体を編む際に使用する棒針よりも1～2号細いものを使いましょう。

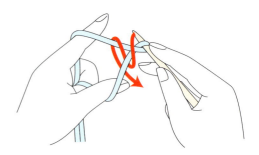

2 針を矢印のように手前から向こうに動かし、糸をかける。2目めができる。

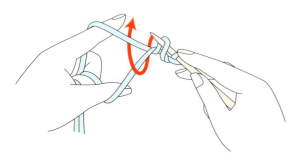

3 目が外れないように人さし指で押さえながら、矢印のように針を動かして糸をかける。3目めができる。

4 ❷、❸を繰り返す。

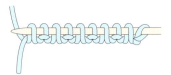

5 必要な目数を作ったところ。

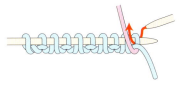

6 向きを変えて左手で持つ。糸を手前にして、端目を編まずにそのまま右針に移す。（浮き目 P.58参照）右手で糸端側を引っ張りながら目を移すとゆるみにくい。

7 糸を向こう側に置き、表目を編む。

8 糸を手前にして、浮き目と表目を交互に編む。

9 端まで編んだところ。

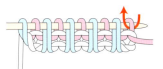

10 向きを変えて左手で持つ。前段で表目を編んだ目は糸を手前にして浮き目で、浮き目で編んだ目は表目で編む。

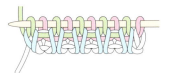

11 作り目の完成。ここまでで1段めになる。

12 2段めからは1目ゴム編みを編んでいく。この段は裏側になる。最後の目は矢印のように針を入れて裏目を編む。これで右端2目が表目になる。

棒針編み / 目の作り方 / 1目ゴム編みの作り目

2目ゴム編みの作り目

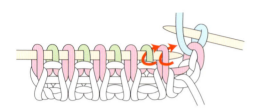

1. 1目ゴム編みの作り目（P.52参照）の⑪まで編み、2段めを編む。1目めを裏目で編み、次の2目は糸を向こう側に置いて矢印の向きに針を入れ、編まずに右針に移す。

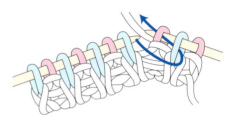

2. ①で右針に移した2目に矢印のように針を入れ、左針に戻す。2目が入れ替わる。

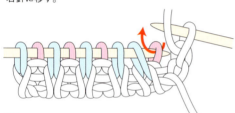

3. ②で入れ替えた右の目を裏目で編む。

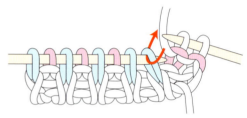

4. 表目を2目、裏目を1目編む。①→②と同様に目を入れ替え、裏目を1目編む。

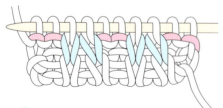

5. ④を繰り返す。最後の2目は裏目で編む。

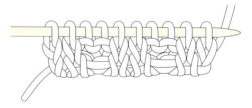

6. 2段めが編み終わり、向きを変えたところ。

記号の編み方

基本の編み方

☐ 表目

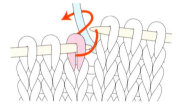
1 糸を向こう側に置き、右の針を矢印のように手前側から入れて、糸をかける。

2 矢印のように手前側に引き出す。

3 表目が編めたところ。表目で編むことを表編み（する）ともいう。

⊟ 裏目

1 糸を手前側に置き、右の針を矢印のように向こう側から入れ、右の針に糸をかける。

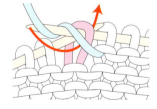
2 矢印のように向こう側に引き出す。

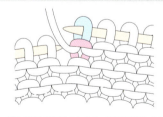
3 裏目が編めたところ。裏目で編むことを裏編み（する）ともいう。

|Q| ねじり目

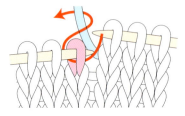 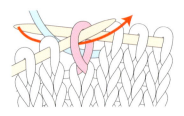 

1 糸を向こう側に置き、右の針を矢印のように向こう側から入れ、糸をかける。

2 表目（P.55参照）と同じように編む。

3 ねじり目の完成。

|Q Q| ねじり目（裏目）

 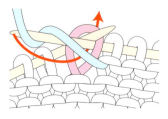 

1 糸を手前側に置き、右の針を矢印のように向こう側から回し、糸をかける。

2 裏目（P.55参照）と同じように編む。

3 裏目のねじれ目の完成。

すべり目

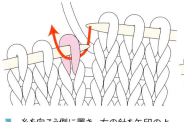
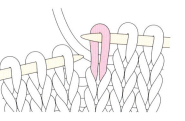
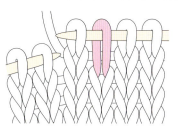

1 糸を向こう側に置き、右の針を矢印のように入れて編まずに移す。

2 次の目を表目で編む。

3 すべり目が編めたところ。前段の目が引き上がって裏に糸が渡っている。

すべり目（裏目）

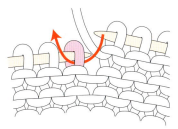
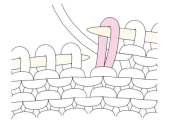
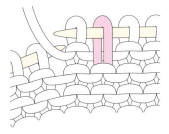

1 糸を向こう側に置いて、右の針を矢印のように入れて編まずに移す。

2 次の目を裏目で編む。

3 裏目のすべり目が編めたところ。前段の目が引き上がって裏に糸が渡る。

浮き目

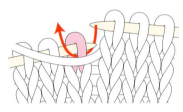
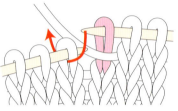

1 糸を手前側に置き、右の針を矢印のように入れて編まずに移す。

2 次の目を表目で編む。

3 浮き目が編めたところ。前段の目が引き上がって表に糸が渡っている。

 引き上げ目（3段）

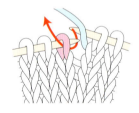
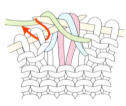
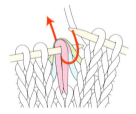
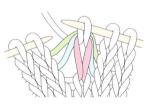

1 1段めは普通に編む（ピンクの目）。2段めでかけ目（P.60参照）をしてから、すべり目（P.57参照）でピンクの目を移す。

2 3段め。糸を手前に置いて、右の針に前段のすべり目とかけ目を移す。さらにかけ目をしてから、次の目を裏目で編む。

3 4段め。1と2で編まずにおいた3段分の目に右の針を入れ、3つのループを表目で編む。

4 目が3段分引き上げられた。

 右上2目交差

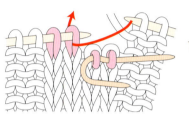

1 交差する右の2目をなわ編み針に移し、手前側に置いて休める。次の2目を表目で編む。

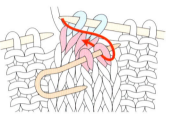

2 なわ編み針の2目を表目で編む。

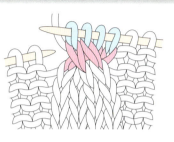

3 右上2目交差の完成。

 左上2目交差

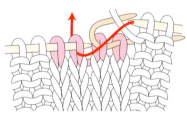

1 交差する右の2目をなわ編み針に移し、向こう側に置いて休める。次の2目を表目で編む。

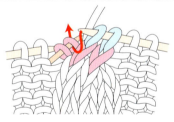

2 なわあみ針の2目を表目で編む。

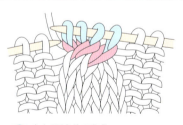

3 左上2目交差の完成。

目の増やし方と減らし方

増し目とは、現在棒針にかかっているものよりも目数を増やして編み地の幅を広くする方法です。減らし目はその逆で、現在棒針にかかっている目数を減らして、編み地の幅を狭める方法です。

|O| かけ目

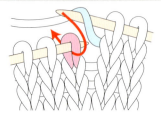

1 右の針に手前から向こう側に糸をかけ（これがかけ目になる）、次の目を表目で編む。これで1目増える。

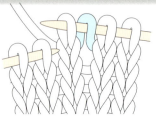

2 針にかかっている目が、かけ目になる。

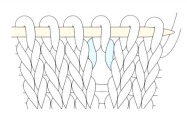

3 もう1段編んだところ。かけ目の部分に穴があく。

|(0)| 巻き目

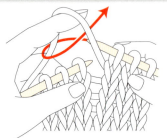

1 矢印のように向こうから手前に右の針で糸をすくい、人さし指を抜いて糸端を引き締める。

2 巻き目ができたところ。1目増える。

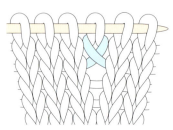

3 次の段を編んだところ。

右増し目

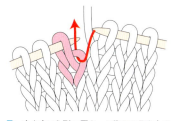

1 糸を向こう側に置き、1段下の目を右の針で拾う。

2 1で拾った目を表目で編む。さらに左の針にかかっている目も表目で編む。

3 右側に1目増えた。

右増し目（裏目）

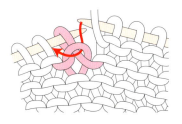

1 糸を手前側に置き、1段下の目を右の針で向こう側から拾い、裏目で編む。

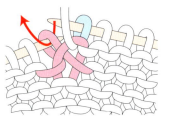

2 左の針にかかっている目を裏目で編む。

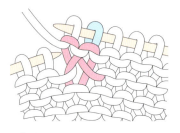

3 右側に1目増えた。

左増し目

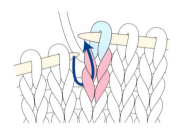
1 糸を向こう側に置き、右の針の2段下の目を左の針で拾う。

2 1で拾った目を引き上げるようにして、表目を編む。

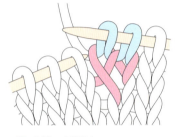
3 左側に1目増えた。

左増し目（裏目）

1 糸を手前側に置き、右の針2段下の目を左の針で拾う。

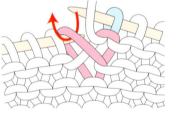
2 1で拾った目を引き上げるようにして、裏目で編む。

3 左側に1目増えた。

右上2目一度

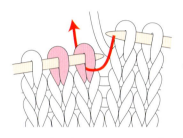

1 糸を向こう側に置き、1目を編まずに矢印のように針を入れ、右の針に移す。

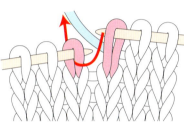

2 次の目を表目で編む。

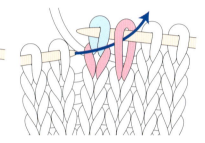

3 1で右の針に移した目に、左の針を入れる。

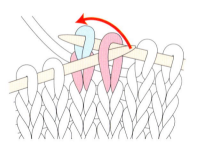

4 2で編んだ目にかぶせる。

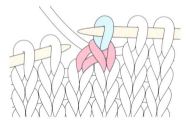

5 右上2目一度が編めたところ。左の目の上に右の目が重なっている。

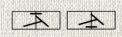 右上2目一度（裏目）

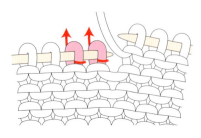

1 糸を手前側に置き、2目を編まずに矢印のように針を入れ右の針に移す。

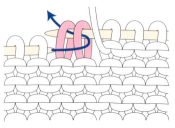

2 1で移した目に左の針を矢印のように入れて戻し、目の順番を入れ替える。

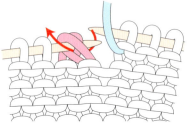

3 糸を手前に置き、2で左の針に戻した2目に、右の針を入れる。

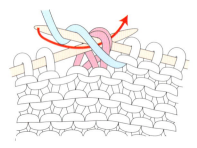

4 針に糸をかけ、2目を裏目で一度に編む。

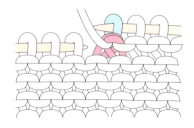

5 裏目の右上2目一度が編めたところ。左の目の上に右の目が重なっている。

左上2目一度

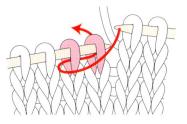

1 糸を向こう側に置き、2目に矢印のように右の針を入れる。

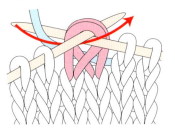

2 そのまま2目を表目で一度に編む。

3 左上2目一度が編めたところ。右の目の上に左の目が重なる。

左上2目一度(裏目)

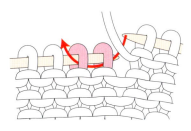

1 糸を手前側に置き、2目に矢印のように右の針を入れる。

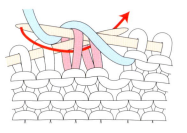

2 そのまま2目を裏目で一度に編む。

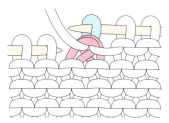

3 裏目の左上2目一度が編めたところ。右の目の上に左の目が重なっている。

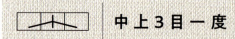 中上3目一度

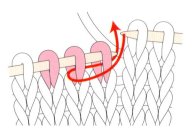

1 糸を向こう側に置き、矢印のように2目に右の針を入れ、右の針に移す。

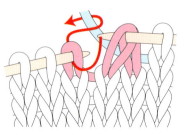

2 次の目を表目で編む。

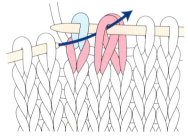

3 1で右の針に移した2目に左の針を入れる。

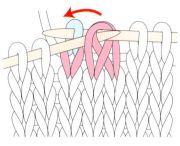

4 2で編んだ左の目にかぶせる。

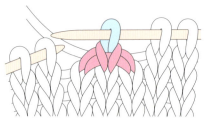

5 中上3目一度の完成。

右上3目一度

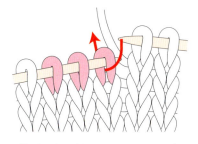

1 糸を向こう側に置き、1目めは編まずに矢印のように針を入れ右の針に移す。

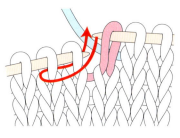

2 次の2目を左上2目一度で編む。

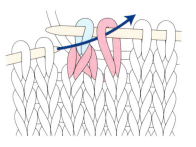

3 1で右の針に移した目に左の針を入れる。

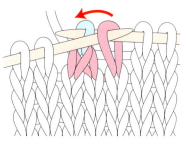

4 左の目にかぶせる。

5 右上3目一度が編めたところ。

左上3目一度

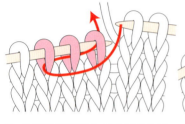

1 糸を向こう側に置き、3目に矢印のように右の針を一度に入れる。

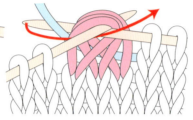

2 3目を一度に表目で編む。

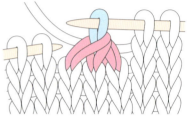

3 左上3目一度が編めたところ。

ほかにもあるよ！
交差編み いろいろ

59ページで紹介した交差編みにはほかにも、右上1目交差や右上2目と1目の交差（下側が裏目になる）などいろいろなものがあります。ほかにも上級者向けのものもありますので、複雑なものが編めるようになったらぜひトライしてみてください。

増やし目・減らし目のQ&A

Q1 60ページの「かけ目」ってどんなときに使うのですか?

A1 かけ目(P.60参照)は、増し目や模様編み、ボタン穴などに使われます。かけ目を編んだ次の段で表編みや裏編み、ねじり目を編むと穴があきますが、表編みや裏編みに比べて、ねじり目で編むと穴が目立ちません。透かし模様やボタン穴として使うとき、穴を目立たせずに増し目をしたいときなど、目的に応じて次の段の編み方を使い分けましょう。

Q2 増し目・減らし目を使うときに気をつけるべきポイントを教えてください。

A2 ウエアに関してのポイントになりますが、増し目・減らし目はどちらも左右対称になるように編みましょう。たとえば、右側が右上2目一度なら、左側は左上2目一度にします。ねじり目で増し目をするときも、ねじり方を左右対称にすることを心がけます。

輪で編むウエアは増し目と減らし目をする場所が分散していることが多いのですが、その場合は左上か右上のどちらかのみを使うことが多いです。

また、減らし目は、端の1目は普通に編んでから2目めと3目めを2目一度で編んでおくと、とじるときに楽になります。

目の止め方

編み終わったら、目がほどけないために処理することを「目を止める」といいます。

● 伏せ止め／伏せ目

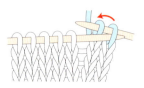
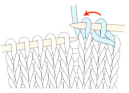
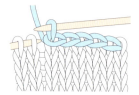
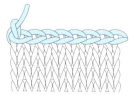

1 端の2目を表目で編む。右の針の右端の目に左の針を入れて2目めにかぶせる。

2 次の目を表目で編む。右の針の右の目に左の針を入れ、編んだ目にかぶせる。

3 2を繰り返す。

4 最後は糸を切って糸端を引き抜く。

● 伏せ止め／伏せ目（裏目）

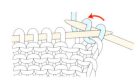

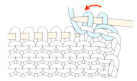
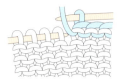

1 端の2目を裏目で編む。右の針の右端の目に左の針を入れて2目めにかぶせる。

2 次の目を裏目で編む。

3 右の針の右の目を、2で編んだ目にかぶせる。

4 2と3を繰り返し、最後は糸端を引き抜く。

1目ゴム編み止め

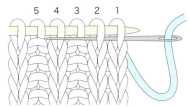

1 編み終わった糸は編み地の幅の3倍を残し、切る。1と2の目に、とじ針を入れる。

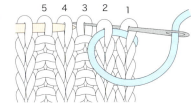

2 1の目の手前から入れ、2の目の後ろを通って、3の目の手前から入れる。

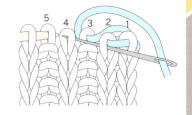

3 2の目の手前から入れ、3の目には入れず、4の目の手前に出す。表目と表目にとじ針を入れている。

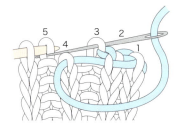

4 3の目の向こう側から入れて、4の目の後ろを通って、5の目の向こう側へ出す。裏目と裏目にとじ針を入れている。

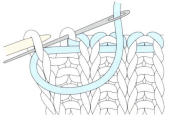

5 3と4を繰り返し、最後の2目はとじ針を向こう側から入れて手前に出す。

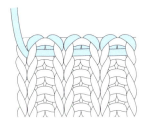

6 糸を引いて完成。

1目ゴム編み止め（右が表目1目　左が表目2目の場合）

始め

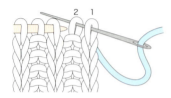

1の目の向こう側からとじ針を入れて、2の目の手前に出す。1目ゴム編み止め（P.71参照）の **3～4** を繰り返す。

終わり

1 左端の表目の手前にとじ針を出す。

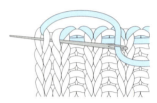

2 表目2目にとじ針を入れる。

1目ゴム編み止め（輪編み）

始め

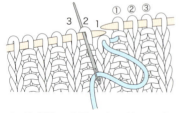

1の目（最初の表目）に向こう側からとじ針を入れ、2の目の向こう側に出す。1目ゴム編み止め（P.71参照）の **3～4** を繰り返す。

終わり

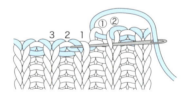

1 ②の目（最後から2番目の表目）の手前から入れ、1の目の手前に出す。表目と表目にとじ針を入れている。

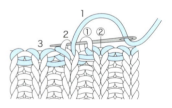

2 ①の目の向こう側から入れ、2の目の向こう側に出す。裏目と裏目にとじ針を入れている。

2目ゴム編み止め

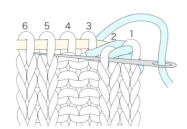

1 止め始めは1目ゴム編み止めの**1**と**2**（P.71参照）のとじ針の入れ方と同じ。2の目の手前からとじ針を入れ、3と4の目の前を通って、5の目の手前に出す。表目と表目にとじ針を入れている。

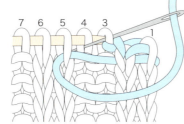

2 3の目の向こう側から入れて、4の目の向こう側に出す。裏目と裏目にとじ針を入れている。

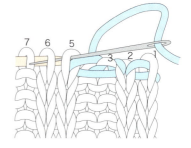

3 5の目の手前からとじ針を入れて、6の目の手前に出す。表目と表目にとじ針を入れている。

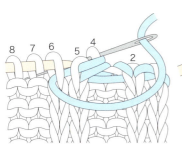

4 4の目に戻って向こう側から入れて、5と6の後ろを通して、7の目の向こう側に出す。裏目と裏目にとじ針を入れている。

5 **1**の表目どうし、**2**、**3**、**4**を繰り返し、編み終わりの表目2目にとじ針を入れる。

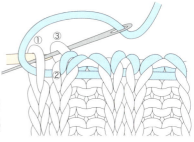

6 編み終わりから3目めの裏目と左の端目に、向こう側からとじ針を入れる。

2目ゴム編み止め（右端が表目3目の場合）

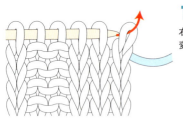

1 右端の目の向きを変える。

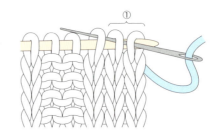

2 ①を1目と考えて、2目ゴム編み止め（P.73参照）と同じように止めていく。

2目ゴム編み止め（輪の場合）

始め

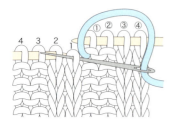

1 1の目（最初の目）に向こう側からとじ針を入れる。

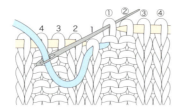

2 編み終わりの①の目に手前からとじ針を入れる。73ページの要領で止めていく。

終わり

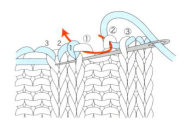

③の目の手前からとじ針を入れ、1の目（最初）の手前に出す。②の目の向こう側からとじ針を入れ、①の目の向こう側に出す。

棒針編みのQ&A

Q1 棒針編みは、作り目をする方法がたくさんあって迷ってしまいます。使い分ける目安はありますか？

A1 　別糸の鎖から編む作り目（P.46参照）は、ウエアでよく使います。あとからほどいて縁を編むので、長さやデザインの調整ができるのと、薄くきれいに仕上がるのがうれしいポイントです。
　共鎖の作り目（P.48参照）は、本体は棒針編みで、縁の部分をかぎ針編みで仕上げたいときにおすすめ。鎖編みで作り目ができていると、かぎ針で編みやすくなるからです。
　かぎ針で糸をかける作り目（P.49参照）は、ポイントにも書いてある通りムダがなく作り目ができるので、こちらもおすすめです。

Q2 気をつけながら編んでいるのに、だんだん目数が増えてしまいます！どうすればいいでしょうか。

A2 　表メリヤス編み（P.43参照）の編み始めで起こりがちです。1段編んで裏返してから次の段を編み始めるときに、糸を針の上から左手にかけていませんか？　糸は、必ず針の下から移動させるようにしましょう。
　針の上から糸を移動させると、目がめくれてしまうことで2目あるように見えてしまいます。その2本を目だと思って編んでしまうと増し目の状態となり、広がり続けてしまいます。

編み終わりの仕上げ

「はぎ」と「とじ」とは

目と目または目と段をつなぐことを「はぎ（接ぐ）」といい、段と段をつなぐことを「とじ（綴じる）」といいます。写真は左側が「はぎ」の、右側が「とじ」のイメージです。編み始めに、あらかじめとじ分の糸を残しておいたり、編み終わりの糸をそのまま続けて使ったりすると、糸始末の箇所が減って仕上がりもすっきりします。

はぎ

とじ

棒針編みのはぎ方

引き抜きはぎ

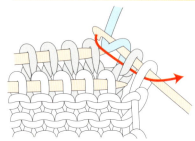

1 編み地を中表（なかおもて）に合わせ、端目をかぎ針に移したあと、糸をかけて引き抜く。

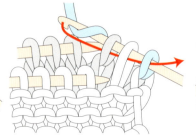

2 2目めどうしをかぎ針に移して糸をかけたら、**1**で引き抜いた目と合わせて引き抜く。

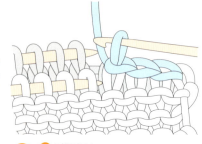

3 **2**を繰り返す。

かぶせはぎ（かぎ針を使う場合）

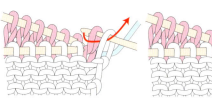
1 編み地を中表に合わせる。手前から両方の端の目にかぎ針を入れ、向こう側の目を手前の目から引き出す。

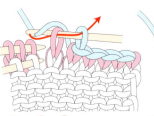
2 かぎ針に糸をかけ、針にかかっているループを引き抜く。

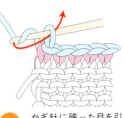
3 ①と②を繰り返す。

4 かぎ針に残った目を引き抜く。

かぶせはぎ（棒針を使う場合）

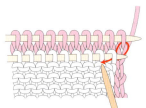
1 編み地を中表に合わせる。玉のついていない別の棒針を使い、向こう側の目を手前の目の中から引き出す。

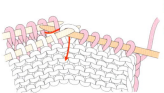
2 ①を繰り返すと、針には向こう側の目だけが残る。

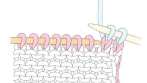
3 端に残っている糸で、端の2目を表目で編む。

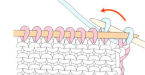
4 左の針の先を使って右の目をかぶせ、伏せ止め（P.70参照）をする。

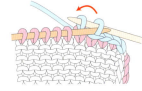
5 次の目からも、編んでかぶせることを繰り返す。

メリヤスはぎ

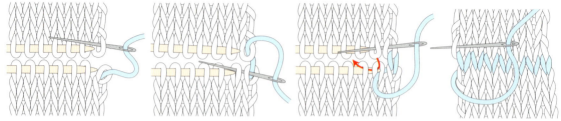

① 編み終わりの糸をとじ針に通し、下の編み地の端目から糸を引き出し、上の編み地の端目に下からとじ針を入れる。

② 下の編み地の端目と2目めに、図のようにとじ針を入れる。

③ 上の編み地の端目と2目めに、図のようにとじ針を入れる。

④ ②、③を繰り返す。最後は上の編み地の目に図のようにとじ針を入れる。

メリヤスはぎ（片方が伏せ止めの場合）

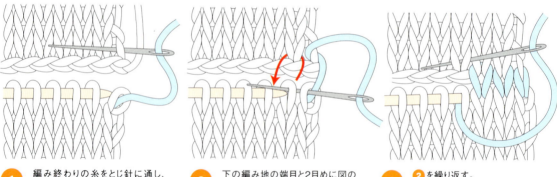

① 編み終わりの糸をとじ針に通し、下の編み地の端目から糸を引き出し、上の編み地の端目に下からとじ針を入れる。

② 下の編み地の端目と2目めに図のように針を入れ、上の編み地に矢印のようにとじ針を入れる。

③ ②を繰り返す。

かぎ針編みのはぎ方

引き抜きはぎ

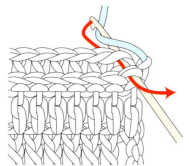

1 編み地を中表に合わせ、それぞれの頭2本を拾って針を入れる。針に編み終わりの糸端をかけ、矢印のように引き出す。

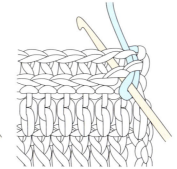

2 図のように針を入れ、引き抜き編みを編む。

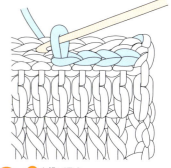

3 2を繰り返す。

巻きはぎ

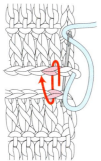

1 2枚の編み地を表向きに合わせ、両方の最終段の頭の糸2本ずつをすくう。針を同じ方向から1目ずつ入れて頭の糸をすくう、を繰り返す。

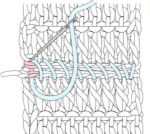

2 はぎ終わりは同じ場所に2回針を通してしっかり止める。

棒針編みのとじ方

すくいとじ

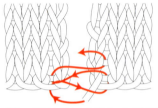
① 端目と2目めの間の、作り目と渡り糸をとじ針で矢印のようにすくう。

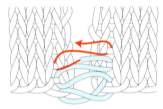
② 端目と2目めの間の渡り糸を1段ずつ左右交互にすくっていく。毎段、糸を引き締める。

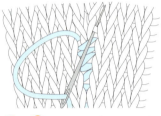
③ ②を繰り返す。糸は見えなくなる程度まで引き締める。

増し目部分のとじ方

端目と2目めの間の渡り糸を、1段ずつ左右交互にすくって糸を引く。

ねじり増し目部分のとじ方

ねじり目の増し目をとじる際は、ねじり目の根元の部分を矢印のようにすくいながら糸を引く。

減らし目部分のとじ方

① 減らしている部分は、端目の渡り糸と減らした目を合わせてすくう。

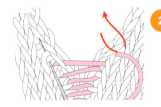
② 減らした目に針をもう一度入れ、上の段の渡り糸を合わせてすくう。

かぎ針編みのとじ方

すくいとじ

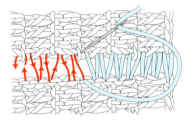

編み始め側から糸端で左右の作り目どうしをすくってつないだら、矢印の通りに針を入れ2本ずつ交互にすくってとじながら引く。

巻きとじ

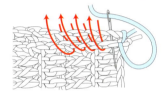

① 編み地を中表に合わせる。とじ針を作り目の向こう側から通し、もう一度同じ場所に針を入れ、引き締める。2枚とも端の目の中間を割りながら向こう側から手前にとじ針を入れ、これを繰り返す。

② 端までとじたら、同じ場所に2〜3回糸を回し、しっかりと止める。

鎖引き抜きとじ

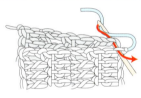

① 編み地を中表に合わせる。両方の作り目の鎖に針を入れ、作り目をする際に残しておいた糸を引き出す。

② 糸をかけて引き抜く。

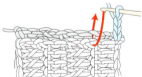

③ 次の編み目の頭までの長さの鎖を編む（ここでは長編みなので2〜3目）。

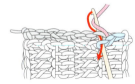

④ 両方の端の目の頭に針を入れて引き抜く。③〜④を繰り返してとじる。

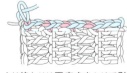

⑤ とじ終わりは再度糸をかけて引き抜く。

糸始末の方法

棒針編み　段の途中で糸始末
※わかりやすいように、使用する糸の色を替えています。

1 右側の糸（ここではベージュ）をとじ針に通し、下から隣の目（ここでは赤）にくぐらせる。

2 糸を引き出し、編み目にそって隣の目の上から糸を通す。❶❷を繰り返す。

3 反対側の糸（赤）をとじ針に通し、隣の目の下からくぐらせる。

4 糸を引き出し、編み目にそって隣の目の上からくぐらせる。これを繰り返す。

棒針編み　編み地の端で糸始末

1 上（赤）下（ベージュ）2本の糸を、縦にクロスさせる。

2 下側の糸を針に通し、編み地の裏側から編み目に沿って針を入れ、引き抜く。

3 同様に上の糸も針に通し、❷と同じように針を入れ、引き抜く。

4 編み地ギリギリの場所で糸を切って、完成。

かぎ針編み　段の途中で糸始末

※わかりやすいように、使用する糸の色を替えています。

1 糸端を15cmほど残した状態で、糸を引き締める。

2 とじ針に片方の糸を通し、編み地を割らないように、針穴側から編み目の足にくぐらせる。

3 数目分の編み目にくぐらせる。

4 くぐらせた方向と反対側にひと針返す。

かぎ針編み　編み地の端で糸始末

1 上（赤）下（ベージュ）の糸を、縦にクロスさせ、下側の糸を針に通す。

2 編み地の裏側から編み目に沿って針を入れていく。

3 同様に上の糸も針に通し、**2**と同じように編み目に通していく。

4 編み地ギリギリの場所で糸を切って完成。

編み終わりの仕上げ　糸始末の方法

ボタン穴の作り方

棒針編み　ボタン穴のあけ方

2目一度であける大きなボタン穴

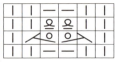

2目一度をして2目かけ目、もう一度2目一度をすることで大きな穴が開く。穴をあけた次の段ではねじり目を編む。

かけ目と2目一度の小さなボタン穴

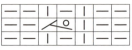

かけ目と2目一度をして開ける。裏目の位置に穴があくように、裏目の位置でかけ目をする。

かぎ針編み　ボタン穴のあけ方

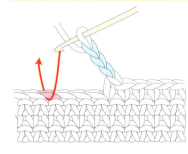

1 ボタンの大きさよりも少し小さめの長さになるように、鎖編みをしておく。穴の大きさに合わせて矢印のように針を入れ、編み地と同じ編み方で編む。

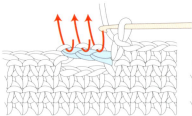

2 次の段は、鎖の裏山（P.16参照）を拾って編む。

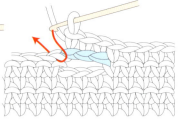

3 編み地と同じ編み方で編む。ボタン穴の完成。

無理穴

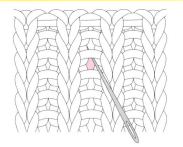 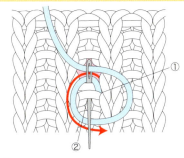 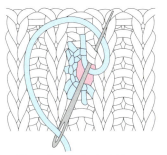

1 穴を作る目に針を入れ、上下に編み目を広げる。

2 編み地の糸を使って、ボタンホールステッチをする。編み地の裏側から①に針を出したら、ボタン穴から②に向かって針を出す。図のように糸をかけて針を抜くのを繰り返す。

3 **2**の要領で広げた穴を固定していく。糸端は裏でボタンホールステッチをした糸に通して、始末する。

ボタンのつけ方

1 手縫い糸を2本どりにして糸端を結び、力ボタンに通してから輪の中にくぐらせる。

2 編み地の裏から針を出し、ボタンをつける。糸足の長さは編み地の厚みに応じて足の長さを決める。

3 糸足に糸を数回巻きつける。もう一度ゆるく巻きつけ、輪を作って下から針を通して引き締め、編み地の裏で玉止めをして糸を始末する。

仕上げアイロン

編み地の端に合わせてピンを打ちます。編み目をつぶさないよう、アイロンを浮かせてスチームをかけ、編み地を整えます。編み地が完全に冷めるまで、動かさないようにしましょう。

編み終わりの仕上げ | ボタン穴の作り方 | 仕上げアイロン

メリヤス刺しゅう

横に進む

1 刺しゅうする目の1段下の編み目の中心から針を出し、1段上の目の糸2本をすくう。

2 **1**で針を出した位置に針を入れ、左隣の目の中心から針を出す。

縦に進む

1 刺しゅうする目の1段下の編み目の中心から針を出し、1段上の目の糸2本をすくう。

2 **1**で針を出した位置に針を入れ、次に刺しゅうする目の1段下から針を出す。

斜めに進む

斜め上に進む

横に進む場合と同じようにし、次の目に移るときに1段・1目斜め上の目から針を出す。

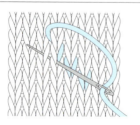

斜め下に進む

横に進む場合と同じようにし、次の目に移るときに1段・1目斜め下の目から針を出す。

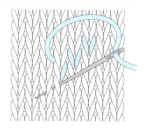

棒針の模様編み

模様編みは下のように複数の編み方を組み合わせて模様を編むこと、これに対し編み込み模様は、2色以上の色の糸を組み合わせて模様を編むことです。いずれも、棒針編みでもかぎ針編みでもできます。

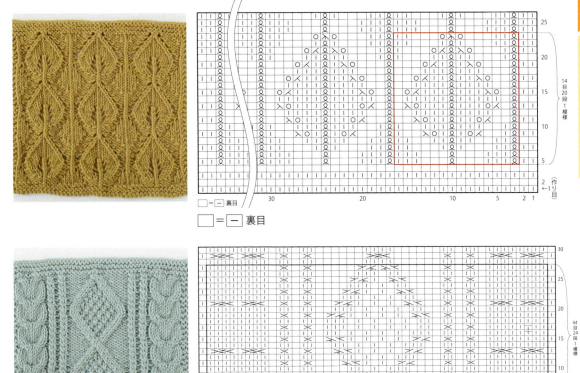

カバー作品の編み図
【かぎ針編み】

前々段の玉編みの頭に編む

細編みで前段の
玉編みを引き上げ編み→

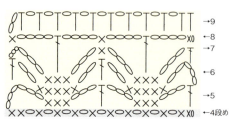

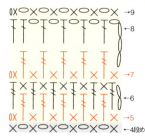

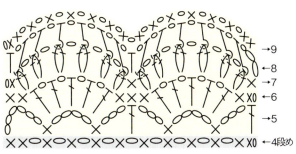

- =変わり中長編み3目玉編み(目に入れる)
- =長編み2目編み入れる(間に鎖1目・束に拾う)
- =細編みの引き上げ編み
- =長編み2目玉編み
- =長編みと長編み2目の玉編みの交差
- =中長編み引き上げ編み

カバー作品の編み図
【棒針編み】

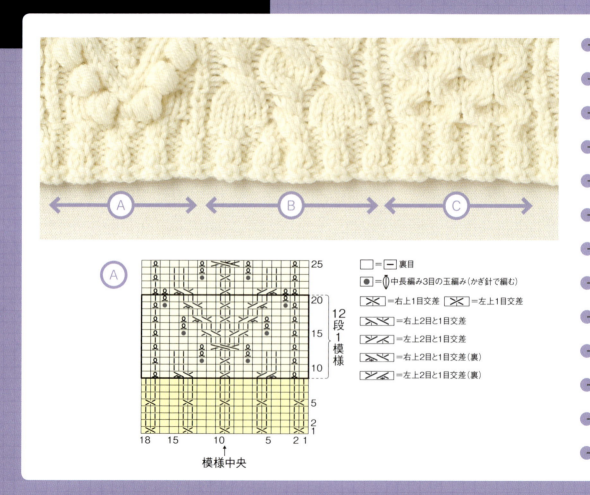

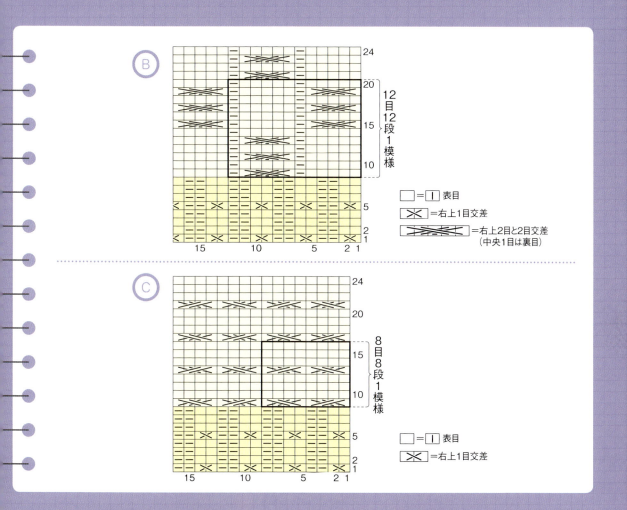

かぎ針編み ● 編み目記号一覧

⊙ 鎖編み（P.22）	長編み5目の パプコーン編み（P.27）	細編み2目編み入れる （P.33）
✕ 細編み（P.22）	長編みの 表引き上げ編み（P.28）	V 長編み2目 編み入れる（P.33）
● 引き抜き編み（P.23）	長編みの 裏引き上げ編み（P.28）	細編み3目編み入れる （P.34）
T 中長編み（P.23）	長編み1目交差（P.29）	長編み3目編み入れる （P.34）
長編み（P.24）	すじ編み（うね編み） （P.30）	長編み2目編み入れる （束に拾う）（P.34）
長々編み（P.25）	バック細編み（P.31）	細編み2目一度（P.35）
変わり中長編み 3目の玉編み（P.26）	鎖3目のピコット （P.32）	長編み2目一度（P.35）
長編み3目の玉編み （P.26）	鎖3目の引き抜き ピコット（P.32）	

棒針編み ● 編み目記号一覧

記号	名称		記号	名称		記号	名称
	表目（P.55）			右上2目交差（P.59）			右上2目一度（P.63）
	裏目（P.55）			左上2目交差（P.59）			右上2目一度（裏目）（P.64）
	ねじり目（P.56）			かけ目（P.60）			左上2目一度（P.65）
	ねじり目（裏目）（P.56）			巻き目（P.60）			左上2目一度（裏目）（P.65）
	すべり目（P.57）			右増し目（P.61）			中上3目一度（P.66）
	すべり目（裏目）（P.57）			右増し目（裏目）（P.61）			右上3目一度（P.67）
	浮き目（P.58）			左増し目（P.62）			左上3目一度（P.68）
	引き上げ目（P.58）			左増し目（裏目）（P.62）			

索引

あ

合太	9
合細	9
アイロン仕上げ用ピン	8
足（かぎ針編み）	12
編み入れる	33、34
編み込み	37
編み下げる	47
編み地	12、40
編み方向と編み図の見方（かぎ針編み）	12
編み方向と編み図の見方（棒針編み）	41、42
編み目の高さ	13
一度	35、63～69、84
糸の替え方（かぎ針編み）	36
糸のかけ方（かぎ針編み）	14
糸のとり出し方	10
糸端側（かぎ針編み）	12
糸端側（棒針編み）	40
うね編み	30
裏編み	41、43、55
裏メリヤス編み	43
裏山	16
往復編み（かぎ針編み）	12
往復編み（棒針編み）	41
表編み	41、43、55

か

ガーター編み	43
かぎ針	6
かぎ針の持ち方	14
かけ目	58、60、69、84
片かぎ	6
かのこ編み	43
鎖編み	13、15～17、22
鎖の作り目	15～17、20、46、48、75
鎖の輪の作り目	20
鎖目の表と裏	16
ゲージ	11、51
交差編み	29、59、68、87、89～91
極細	9
5本棒針	7、51
細編み	13、22
ゴム編み	43、47、52～54、71～74
ゴムキャップ	8

さ

ジャンボ針	6、7
すじ編み・うね編み	30
ストレートヤーン	9、11
スラブ	9
束に拾う	34

た

立ち上がり	13
玉編み	26、27
段数マーカー	8
中長編み	13、23

中細	9
超極太	9
ツイード	9
作り目(かぎ針編み)	12、15～21
作り目(棒針編み)	40、44～50、52～54、75
とじ針	8
とじ針に糸を通す	8

な

長編み	13、24
長々編み	13、25
並太	9
なわ編み針	8、59
ねじり目	56、84

は

はさみ	8
端の拾い目	13
パプコーン編み	27
引き上げ目	58
引き抜き編み	13、23
1目ゴム編み	43、52、71、72
伏せ止め／伏せ目	70
2目ゴム編み	54、73、74
減らし目	35、63～69
棒針の持ち方	40
ボタン	84、85
ほつれ止め	8

ま

巻き目	60
増し目	33、34、60～62、69
まち針	8
目数リング	8
メジャー	8
目の頭	12、39
目の拾い方	13、16、24、34、46
メリヤス編み	43
モヘア	9、11
模様編み	29、43、68、87～91

や・ら

休み目	8、42
4本棒針	7、51
ラベル	10
両かぎ	6
ループ(かぎ針編み)	12
ループ(棒針編み)	40
ループヤーン	9
レース針	6

わ

輪編み(かぎ針編み)	12
輪編み(棒針編み)	7、41
輪針	7

吉田裕美子　よしだゆみこ

日本手芸普及協会　手編み師範。
編み物屋さん[ゆとまゆ]の作家名で活動中。
編み物教室開催のほか、
ウエアやバッグのオーダーメイド販売、
手芸本への作品発表をしている。
シンプルで使いやすい中にも、
パンチのきいた作品作りを目指している。
只今、ハリネズミに夢中……

かぎ針も棒針もきちんと編める
手編みの基礎
2019年9月1日　第1刷発行

著　者	吉田裕美子
発行者	吉田芳史
印刷所	図書印刷株式会社
製本所	図書印刷株式会社
発行所	株式会社 日本文芸社
	〒101-8307　東京都千代田区神田神保町1-7
	TEL 03-3294-8931（営業）03-3294-8920（編集）

Printed in Japan　112190808-112190808 Ⓝ01　（200019）
ISBN978-4-537-21716-2
URL https://www.nihonbungeisha.co.jp/
©Yumiko Yoshida　2019
編集担当　吉村

撮影協力

ハマナカ株式会社
京都府京都市右京区花園藪ノ下町2番地の3
075(463)5151(代)
http://hamanaka.co.jp

クロバー株式会社
大阪府大阪市東成区中道3丁目15番5号
06-6978-2211(代)
https://clover.co.jp/

カバー作品の編み図は
こちらからダウンロードできます。
http://sp.nihonbungeisha.co.jp/teamikiso/amizu.pdf

STAFF

撮影	天野憲仁
制作	株式会社スタンダードスタジオ
装丁	佐々木千代（双葉七十四）
本文デザイン	山﨑裕実華
イラスト	鈴木亜矢
図版制作 (カバー作品)	株式会社ウエイド　手芸制作部 （関　和之、田村浩子）
編集	説田綾乃
編集協力	田口香代

印刷物のため、商品の色は実際と違って見えることがあります。ご了承ください。

本書の一部または全部をホームページに掲載したり、本書に掲載された作品を複製して店頭やネットショップなどで無断で販売することは、著作権法で禁じられています。

乱丁・落丁本などの不良品がありましたら、小社製作部宛にお送りください。送料小社負担でおとりかえいたします。

法律で認められた場合を除いて、本書からの複写・転載（電子化を含む）は禁じられています。また、代行業者等の第三者による電子データ化および電子書籍化は、いかなる場合も認められていません。